KIERKEGAARD
em 90 minutos

FILÓSOFOS

em 90 minutos

. . . .

por Paul Strathern

Confúcio em 90 minutos
Sócrates em 90 minutos
Platão em 90 minutos
Aristóteles em 90 minutos
Santo Agostinho em 90 minutos
São Tomás de Aquino em 90 minutos
Maquiavel em 90 minutos
Descartes em 90 minutos
Spinoza em 90 minutos
Locke em 90 minutos
Leibniz em 90 minutos
Hume em 90 minutos
Kant em 90 minutos
Hegel em 90 minutos
Schopenhauer em 90 minutos
Kierkegaard em 90 minutos
Nietzsche em 90 minutos
Wittgenstein em 90 minutos
Sartre em 90 minutos
Derrida em 90 minutos

KIERKEGAARD
(1813-1855)
em 90 minutos

Paul Strathern

Tradução:
Marcus Penchel

Consultoria:
Danilo Marcondes
Professor-titular do
Deptº de Filosofia, PUC-Rio

Jorge Zahar Editor
Rio de Janeiro

Título original:
Kierkegaard in 90 minutes

Tradução autorizada da primeira edição norte-americana
publicada em 1997 por Ivan R. Dee,
de Chicago, Estados Unidos

rua México 31 sobreloja
20031-144 Rio de Janeiro, RJ
tel: (21) 2240-0226 / fax: (21) 2262-5123
e-mail: jze@zahar.com.br
site: www.zahar.com.br

Projeto gráfico: Ana Paula Tavares
Ilustração: Lula

CIP-Brasil. Catalogação-na-fonte
Sindicato Nacional dos Editores de Livros, RJ.

Strathern, Paul, 1940-
S891k Kierkegaard (1813-1855) em 90 minutos / Paul Strathern; tradução, Marcus Penchel; consultoria, Danilo Marcondes. — Rio de Janeiro: Jorge Zahar Ed., 1999
(Filósofos em 90 minutos)

Tradução de: Kierkegaard in 90 minutes
Contém cronologia
Inclui bibliografia
ISBN 85-7110-500-6

1. Kierkegaard, Soren Arabye, 1813-1855. 2. Existencialismo. 3. Filosofia dinamarquesa. I. Título. II. Série.

CDD 198.9
99-0337 CDU 1(489)

SUMÁRIO

SOBRE O AUTOR

. . . .

PAUL STRATHERN foi professor universitário de filosofia e matemática na Kingston University e é autor das séries "Cientistas em 90 minutos" e "Filósofos em 90 minutos", esta traduzida em mais de oito países. Escreveu cinco romances (entre eles *A Season in Abyssinia*, ganhador do Prêmio Somerset Maugham), além de biografias e livros de história e de viagens. Foi também jornalista *free-lance*, colaborando para o *Observer*, o *Daily Telegraph* e o *Irish Times*. Tem uma filha e mora em Londres.

INTRODUÇÃO

Kierkegaard não foi de fato exatamente um filósofo. Pelo menos não no sentido acadêmico. E no entanto produziu o que muitas pessoas esperam da filosofia. Ele não escreveu sobre o mundo, mas sobre a vida – sobre como vivemos e como escolhemos viver.

Kierkegaard filosofou sobre o que significa estar vivo. Seu tema foi o indivíduo e a sua existência: o "ser existente". Na visão dele, essa entidade puramente subjetiva está além do alcance da razão, da lógica, dos sistemas filosóficos, da teologia ou mesmo das "pretensões da psicologia". No entanto, é a fonte de tudo isso. O resultado desse pensamento foi que filósofos, teólogos e psicólogos em algum momento repudiaram Kierkegaard. O ramo da filosofia – ou antifilosofia para muitos puristas – criado por Kierkegaard viria a ser conhecido como *existencialismo.*

Levou algum tempo para o existencialismo pegar. Alguns filósofos, como Nietzsche, Husserl e Heidegger, foram existencialistas sem saber (segundo os existencialistas). Heidegger negou-o com veemência e Nietzsche morreu antes que alguém pudesse lhe dizer isso. Na verdade, só quase um século após a morte de Kierkegaard o existencialismo vingou, com o aparecimento em Paris do filósofo francês Jean-Paul Sartre após a Segunda Guerra Mundial.

Os intelectuais parisienses estavam desesperados no pós-guerra: não havia mais nada em que acreditar. O surrealismo, que ganhara crédito intelectual ao se definir como absurdo, era agora visto como ridículo. E com a ascensão de Stalin, os intelectuais franceses achavam difícil até acreditar no comunismo (embora sem dúvida tentassem). Então surgiu o existencialismo, que não exigia que se acreditasse em nada. Na verdade, ressaltava mesmo que o desespero era parte da condição humana.

O existencialismo logo fez furor e se espalhou para além dos cafés da Rive Gauche, até os bares de Greenwich Village e de Londres e os pontos *beatniks* de São Francisco. Também atraiu a atenção universitária nos dois lados do Atlântico. Era tanto uma filosofia de café quanto de universidade – uma mistura incomum do espúrio e do profundo. Isso revelou-se igualmente atraente para artistas, escritores, filósofos e charlatães, todos os quais deram uma contribuição para o seu desenvolvimento. Nesse sentido, o existencialismo foi um justo precursor do behaviorismo, do estruturalismo, do pós-estruturalismo e correntes semelhantes, que fariam nas décadas seguintes.

A filosofia central do existencialismo – "o problema da existência" – foi considerada um produto típico do século XX, com suas características alienação, angústia, absurdo e preocupação com temas inquietantes do gênero. Mas tudo isso provém diretamente de Kierkegaard, nascido quase um século antes de Sartre.

Kierkegaard estava sem dúvida à frente do seu tempo. Mas também produziu um reexame, esperado desde muito, de uma das primeiras questões filosóficas a ser formulada: "O que é a existência?" Essa questão continuou naturalmente a ser formulada desde então por quase todo mundo, à exceção dos filósofos. Para eles a questão era risível, inválida ou respondida de modo tão completo por sua própria filosofia que não havia mais necessidade alguma de continuar a formulá-la. Kierkegaard, por outro lado, insistiu que todo indivíduo deveria não apenas formular essa pergunta como fazer da própria vida uma resposta subjetiva a ela. Essa ênfase na subjetividade é a principal contribuição de Kierkegaard.

O problema da existência – ou do "ser" – esteve no cerne do pensamento de muitos dos primeiros filósofos. Antes que Sócrates e Platão introduzissem um elemento de razão na filosofia (tornando-a assim academicamente respeitável), os filósofos preocuparam-se muito com a questão do ser. Indagavam-se sobre o que significava estar vivo, qual era o sentido da existência. Essas questões ingênuas são hoje objeto de riso, consideradas indignas de estudo por filósofos sérios. Formulá-las simplesmente não faz sentido, dizem. Mas, meros mortais, continuamos teimosamente a formulá-las. Na sua simplicidade, alguns até esperam que a filosofia dê uma resposta. Vários filósofos pré-socráticos, jovialmente inconscientes da sofisticação dos filósofos do futuro, insistiram mesmo em levar essas questões a sério.

Parmênides, que viveu na colônia grega de Eléia, sul da Itália, no século V a.C., dizia que o ser era o único elemento imutável de todo o universo. "Tudo é um." Coisas como a multiplicidade, a mudança e o movimento eram meras aparências. Outros filósofos pré-socráticos começaram a questionar a diferença entre a existência das coisas "reais" e as noções abstratas ou as coisas imaginadas. O que diferenciava a minha existência da matemática ou dos sonhos? O que significava "existir"?

Então surgiram Sócrates e Platão. "Conhece a ti mesmo" – e não "conhece o que significa ser tu mesmo" – tornou-se a ordem do dia. O problema do ser desapareceu então da filosofia. Essa noção fundamental (talvez a mais fundamental de todas) foi simplesmente ignorada. Já para Platão, a existência era simplesmente aceita como dada, não questionava a sua natureza.

Agora, pode-se argumentar que Platão foi o espírito filosófico mais abrangente e profundo de todos os tempos – e, no entanto, foi capaz de desprezar o que muitos consideram a mais importante de todas as questões da filosofia. (Newton pode ter sido o espírito científico mais abrangente e profundo de todos os tempos, mas isso não impediu Einstein de mostrar como o seu universo assentava numa falsa suposição.) Apesar das opiniões contemporâneas em contrário, *existe* essa coisa chamada progresso fundamental. Sabemos mais e mais acerca do mundo, praticamente em todos os campos (exceto talvez em filosofia). Mas no nível da existência individual – da forma como Kierkegaard falava dela – permanecemos os mesmos. No que diz respeito ao ser subjetivo, parece não haver tal coisa chamada progresso. Todos sofremos (ou gozamos) a mesma situação: a condição humana. E assim é desde tempos imemoriais.

Pegando a deixa de Platão, os filósofos seguintes continuaram a ignorar a condição humana. A existência subjetiva – possivelmente a única coisa que todos indiscutivelmente temos em comum – foi deixada à contemplação dos filosoficamente tolos. Por quase dois milênios a filosofia de Platão e seu discípulo Aristóteles reinou soberana.

Só no século XVII a filosofia voltou à base, este alicerce fundamental do qual surgira originalmente: quem sou eu e o que quero dizer quando afirmo que "existo"? O filósofo francês René Descartes declarou: *Cogito ergo sum* ("Penso, logo existo"). Tudo que há na mente e no mundo pode ser posto em dúvida, tudo pode ser uma ilusão ou uma fantasia enganosa de algum tipo – tudo, exceto o fato de que estou pensando. A noção fundamental, a pedra absolutamente inquestionável sobre a qual toda a filosofia deveria se assentar era mais uma vez vista como sendo o eu subjetivo. Mas esse era bem o eu de um intelectual francês. Só existia enquanto *pensava*. Sentimentos, percepções e assim por diante – tudo isso era passível de ilusão. O "eu" subjetivo podia saber que existia, mas não podia saber mais nada com certeza. Era deixado nu e indefeso, exposto aos elementos enganosos: "o homem não acomodado", escreveu Shakespeare, "não passa de um pobre e desnudo animal de casco fendido".

Foi o filósofo alemão Kant quem afinal arranjou moradia adequada para abrigar essa pobre criatura indefesa. Ele construiu uma grandiosa mansão sob a forma de um sistema filosófico que a tudo abrangia, baseado na razão, que acomodava o "eu" subjetivo com majestoso esplendor. Kant foi seguido por Hegel, que ergueu um sistema abrangente ainda mais grandioso, baseado na noção de que "tudo que é racional é real e tudo que é real é racional".

Mas de alguma forma tanto Kant como Hegel perderam de vista a questão original. Seus sistemas não deram resposta satisfatória à questão subjetiva: "O que é a existência?" Um sistema racional pressupõe um mundo racional. São apenas respostas da razão a perguntas racionais. O "eu" subjetivo está além da razão e não faz inteiramente parte do mundo. Kierkegaard entendeu isso. A resposta não estava na construção de um sistema perfeito que tudo explicasse. Havia um problema mais fundamental que provocava questões como "o que é a existência" e "qual o sentido de existir". Foi Kierkegaard quem assumiu a tarefa de responder a essas questões.

VIDA E OBRA

. . . .

Søren Aabye Kierkegaard nasceu em Copenhague em 5 de maio de 1813, mesmo ano de nascimento do bombástico compositor alemão Richard Wagner. Essas duas personagens arquetípicas do século XIX ocupam pólos opostos do espírito da época. Kierkegaard seria tudo o que Wagner não foi e vice-versa. Praticamente a única coisa que tinham em comum – aparentemente indispensável ao gênio do século XIX – era um traço de loucura. A loucura de Kierkegaard não era um aspecto fundamental da sua constituição psíquica (foi o filho do seu irmão quem acabou num asilo de loucos), mas fica assim mesmo evidente em certas esquisitices contumazes de seu comportamento. Toda a sua vida Kierkegaard foi obsessivamente solitário e, em conseqüência, as poucas influências que sofreu adquiriram uma importância exagerada. De longe a maior influência sobre o jovem Kierkegaard foi exercida pelo pai, que exibia proximidade muito maior com a loucura (e que provavelmente seria tido como louco numa sociedade mediterrânea mais sofisticada).

O pai de Kierkegaard teve grande influência em sua formação. Quase tudo o que ele se tornou foi resultado direto da despótica influência paterna ou uma reação violenta a ela. Houve pouca normalidade casual no relacionamento entre pai e filho.

Kierkegaard pai nasceu servo nas remotas charnecas da Jutlândia, no norte da Dinamarca. A família era propriedade do sacerdote local e trabalhava suas terras. Quase certamente se deve a isso o nome de família – Kierkegaard é a forma dinamarquesa do inglês *churchyard* [adro ou pátio de igreja, usado como cemitério]. Aos dez anos, o futuro pai de Søren Kierkegaard passava os dias no campo, fosse qual fosse o clima, pastoreando ovelhas. Segundo um de seus filhos, "ele sentia fome e frio ou, então, ficava exposto aos raios ardentes do sol, abandonado com os animais, sozinho e desamparado". Era muito religioso, mas não podia entender como Deus deixava que sofresse tanto. Um dia, levado ao desespero, pôs-se de pé numa rocha sobre a encosta desnuda e solenemente amaldiçoou a Deus.

Quase de imediato, as coisas deram uma guinada para melhor. Um tio de Copenhague mandou buscá-lo e lhe deu emprego na sua loja de artigos de lã.

O futuro pai de Kierkegaard revelou-se excelente vendedor, trilhando estradas e caminhos sob sol, chuva ou neve para vender meias e pulôveres aos camponeses e aldeões. Por fim juntou dinheiro suficiente para se casar e montar um lar. Quando o tio morreu, herdou um negócio próspero. Continuou a desenvolvê-lo até tornar-se um dos mais ricos comerciantes de Copenhague, por fim recebendo até mesmo a realeza à sua mesa de jantar. As cinco casas que possuía resistiram ao bombardeio britânico de 1803, que arrasaram vastas áreas da cidade. Dez anos depois, quando a economia dinamarquesa sofreu uma estrondosa bancarrota, Kierkegaard pai foi um dos poucos a sair incólume, tendo investido sua fortuna em títulos de toda confiança.

Mas já o homem que havia amaldiçoado a Deus sentia fundo contra si a maldição. Sua primeira mulher morrera e ele havia se casado com a criada. Dos sete filhos, só dois sobreviveram. Então a segunda mulher também morreu.

Søren Kierkegaard era o caçula, nascido quando o pai já tinha 56 anos. Sua infância foi pontilhada regularmente por mortes na família. Já oprimido pelo destino e obcecado pela religião quando Søren nasceu, Kierkegaard pai tornou-se um tirano cada vez mais depressivo. Retirou-se do comércio para uma vida recolhida na sombria mansão da família.

Logo reconheceu Søren como o mais inteligente dos seus rebentos, e este tornou-se o favorito do pai. Em qualquer outra família essa poderia ter sido uma invejável posição, mas não na dos Kierkegaard.

Aos sete anos, Søren aprendia com o pai lógica à maneira deste. As declarações do menino eram submetidas a um exame perverso e ele era forçado a defender cada afirmação que fazia.

O relaxamento vinha sob a forma de longas viagens ao exterior, que tinham lugar nos limites do gabinete do pai. O jovem Kierkegaard ouvia enquanto o pai penosamente descrevia as maravilhas arquitetônicas e culturais de lugares longínquos como Dresde, Paris e Florença. Depois, o jovem Søren era encorajado a fazer uma "grande viagem" pela sala, forçado a descrever em detalhe as vistas que descortinava – tais como a encosta ensolarada do Fiesole sobre as cúpulas e torres de Florença (cada uma das quais tinha de ser nomeada e descrita).

O resultado desse abuso contra a criança foi que o já inteligente Kierkegaard filho desenvolveu uma mente extremamente lógica e uma soberba imaginação (embora um tanto seca). Como muitos escritores modernos de guias de viagem, o pai de Kierkegaard nunca vira efetivamente os longínquos recantos românticos que descrevia. Suas viagens foram realizadas inteiramente através dos livros – mas, apesar disso, não lhes faltavam detalhes autênticos e vigorosos. Na sua filosofia, Kierkegaard mostraria mais tarde uma estranha habilidade para imaginar situações (sobretudo bíblicas e psicológicas) que havia experimentado apenas metaforicamente. Essa capacidade decorreu diretamente do acompanhamento do pai nas viagens ao redor do quarto.

Num nível mais profundo, Kierkegaard pai parece ter querido assoberbar a cabeça do filho e impor-lhe sua própria visão do mundo com antolhos. Pais dominadores sempre gostaram de infligir aos filhos os objetivos que alcançaram (ou, mais comumente, os que não conseguiram alcançar), mas o pai de Kierkegaard era diferente. Ele sentia-se compelido a fazer isso, mas não tinha mais objetivos. Via-se amaldiçoado e chafurdava num desespero total. Era esse desespero forçado que queria, consciente ou inconscientemente, impor ao filho. Nos seus diários, Kierkegaard pai contaria mais tarde de maneira penetrante a história de um homem que olhava o filho certo dia e lhe disse: "Pobre criança, você vive em silencioso desespero." Pareceria tratar-se de um episódio autobiográfico (ou possivelmente um refrão corriqueiro).

Não era de surpreender que Kierkegaard fosse aluno um tanto estranho na escola. Vestia-se com roupas antiquadas, abotoadas até o pescoço, e comportava-se de modo antiquado. Seus professores o descreviam como "um velhinho". Não se destacava nos trabalhos escolares, embora com certeza estivesse numa categoria intelectual diferente da dos colegas. O pai o instruíra a não chamar atenção para sua inteligência: devia colocar-se em terceiro lugar na classe. O jovem Søren seguia obedientemente as instruções. (Isso deve ter exigido ainda mais talento: qualquer gênio que desabrocha pode ficar em primeiro.)

Quando Kierkegaard cresceu, ficou claro que sua aparência esquisita devia-se não apenas a suas roupas antiquadas. Seu corpo era anguloso, espigado, e parecia ter sofrido uma doença da espinha que lhe dava uma ligeira corcunda. Nunca integrado na turma, o estranho Kierkegaard inevitavelmente atraía a zombaria dos colegas mais turbulentos. Logo aprendeu a defender-se com um espírito sarcástico. Começou então a usar esse sarcasmo agressivamente, provocando outros rapazes com seus comentários e atraindo suas bravatas. Esse traço de comportamento iria se manifestar de forma recorrente por toda a vida de Kierkegaard.

Como muitos introvertidos zelosos, Kierkegaard gostava de se achar o centro das atenções. Estava certamente acostumado a ser o centro das atenções do pai, e a ardente intensidade de sua vida interior significava que ele era inclusive o centro de sua própria atenção. Provocar os outros, mesmo que sofresse com isso, reforçava a ilusão de que o mundo girava ao seu redor. Esse complexo de mártir tornar-se-ia um importante fator da sua constituição psicológica.

Depois de deixar a escola, Kierkegaard matriculou-se na Universidade de Copenhague para estudar teologia. Parece ter sido aí um estudante surpreendentemente normal. Rapidamente identificado por sua vasta erudição e humor irritadiço, fez figura nos círculos estudantis da provinciana Copenhague. Logo desprezava o estudo de teologia em prol da filosofia. Interessou-se por Hegel, cujas idéias espalhavam-se feito praga por toda a Alemanha (e atingiam então proporções epidêmicas em várias nações filosoficamente menos importantes). A profunda seriedade de Hegel e sua visão austera e espiritualizada do mundo tocaram Kierkegaard. De acordo com o abrangente sistema hegeliano, o mundo desenvolvia-se num processo dialético triádico. Uma tese inicial gerava uma antítese, que eram então ambas enfeixadas numa síntese (que por sua vez era vista como uma nova tese e assim por diante). Seu exemplo clássico:

Tese – o Ser (ou a existência). Antítese – o Nada (ou o não-ser, a não existência). Síntese – o Devir (o vir-a-ser).

Por meio dessa dialética, tudo se movia rumo a uma autoconsciência maior e por fim para o Espírito Absoluto, que incluía tudo à medida que se contemplava a si mesmo. Esse Espírito Absoluto, que a tudo abarca, incluía até mesmo a religião, vista como um estágio anterior da filosofia última (isto é, a de Hegel). O apelo dessa filosofia para o introvertido Kierkegaard é óbvio – não menos nos seus aspectos edipiano, religioso e narcisístico.

Embora cheio de admiração por Hegel, a relação de Kierkegaard com o filósofo alemão foi convenientemente dialética desde o início. Ele o amava e odiava, acabando por criar uma filosofia anti-hegeliana banhada em conceitos hegelianos – não sendo o de menor importância sua própria versão da dialética. Porém o mais importante é que desde o início Kierkegaard teve dúvidas sobre o Espírito Absoluto e seu autoconhecimento. Para ele, o autoconhecimento tinha que ser alcançado no nível subjetivo. Insistia que para os indivíduos o subjetivo tinha que ser mais importante que qualquer Espírito Absoluto. O reino subjetivo era nossa maior preocupação. Alguns comentadores engenhosos detectaram nisso tudo ecos inconscientes do relacionamento de Kierkegaard com o pai. E com certeza o jovem elemento subjetivo logo se veria em oposição ao Espírito Absoluto do pai.

Por essa época o relacionamento de Kierkegaard com o pai sofreu uma mudança radical. Passando adiante a maldição da família, Kierkegaard pai parece ter feito uma série de confissões ao filho sensível e impressionável. Contou como amaldiçoou a Deus muitos anos antes, numa colina da Jutlândia. Kierkegaard teria ouvido essa revelação com horror, logo em seguida mergulhando numa vida dissoluta de bebedeiras na universidade.

Alguns comentadores sagazes sugeriram que há aqui mais do que se pode enxergar à superfície. Nessa altura, Kierkegaard provavelmente buscava uma desculpa para se libertar da influência autoritária do pai. Também parece certo que a pia confissão do velho incluiu mais do que meros assuntos teológicos. Ele pode bem ter confessado que cometeu fornicação – dormindo com a empregada (a futura segunda esposa, mãe de Kierkegaard) quando a primeira mulher jazia no leito de morte. Isso ajudaria também a explicar a dramática – ou dramatizada – mudança de comportamento de Kierkegaard (que não era tão dissoluto quanto gostaria que acreditássemos). Mas também se sugeriu que as confissões do pai continham algo mais sério que uma blasfêmia pueril e uma culpa pesada por pecadilhos. Na opinião do crítico Ronald Grimsley, abertas referências nos diários de Kierkegaard indicam que o pai visitou um bordel e contraiu sífilis, que pode mesmo ter sido passada ao filho. O comportamento subseqüente de Kierkegaard certamente não desautoriza essa apavorante possibilidade.

Como parte de sua campanha de comportamento dissoluto (que incluía pecados hediondos como beber em cafés de modo desordeiro e percorrer a rua principal fumando charuto), Kierkegaard visitou um bordel. Como é mais freqüentemente o caso do que a maioria gostaria de admitir, essa iniciação foi um fiasco. Mais tarde nessa noite Kierkegaard rabiscou de forma incoerente no diário: "Meu Deus, meu Deus... (por que me abandonastes?) ... Aquela risadinha bestial..." *In extremis*, Kierkegaard identificou-se com as palavras de Cristo na cruz. Embora houvesse tentado escapar à religião, ela continuava sendo uma referência espiritual.

Essa seria a única relação sexual de Kierkegaard durante toda a vida. Observações posteriores no diário indicam que foi mais do que uma humilhação comum. Escreve que lhe foram "negadas as qualidades físicas exigidas para fazer [dele] um ser humano completo". Em outras passagens refere-se com freqüência a um "espinho na carne" e em certo ponto menciona uma "desproporção entre [sua] alma e [seu] corpo". Só podemos adivinhar os detalhes precisos de sua miséria pessoal, que parece ter incluído a impotência sexual.

Alguns alegaram que tudo isso imobilizou Kierkegaard, tornando toda a sua vida e obra um "caso especial". Nada poderia estar mais longe da verdade. Muito mais plausível é o argumento de que sua miséria pessoal funcionou como um tormento constante, um aguilhão que aumentava o seu sofrimento ao ponto de torná-lo *mais* intensamente humano. Paradoxalmente, serviu para afastá-lo da vida e, em outro nível, para mergulhá-lo mais intensamente nela. Sua contínua miséria tornou-o ainda mais consciente das futilidades e das profundas implicações da condição humana.

Na primavera de 1836 Kierkegaard sofreu uma crise de desespero. Foi esmagado por uma visão do seu mundo interior, que viu extremamente corrompido pelo cinismo. O sarcástico fumante de charutos que divertia os amigos mascarava um abismo interior. Começou seriamente a pensar no suicídio.

Em 19 de maio de 1838, Kierkegaard teve uma experiência espiritual a que se referiu no diário como "o grande terremoto": "Só agora ... encontrei algum alívio no pensamento de que meu pai recebeu o árduo dever de nos confortar com o consolo da religião, de ministrá-la a todos nós de modo que um mundo melhor se nos abra, ainda que percamos tudo neste ..." Abria-se assim o caminho para seu retorno a Deus e uma reconciliação com o pai. E foi justo a tempo. Apenas três meses depois o pai estava morto. Da maneira como Kierkegaard o viu, o pai tinha morrido para que "se possível eu me tornasse alguma coisa". Sua poderosa imaginação sempre o levava a mitificar os eventos que o afetavam de modo profundo. Mas dessa forma dava sentido à sua vida.

A morte do pai de Kierkegaard deixou-lhe uma considerável fortuna de mais de 20 mil coroas. (Kierkegaard calculou que isso duraria de dez a vinte anos.) Da noite para o dia tornou-se um dos jovens mais ricos e um dos melhores partidos de Copenhague.

Por quase doze anos Kierkegaard resistiu a fazer os exames universitários, sobretudo porque o pai queria que se graduasse em teologia e se tornasse pastor – perspectiva que pouco o atraía. Mas agora tudo isso havia mudado. Com um raciocínio dialético caracteristicamente perverso (que se tornaria típico de Kierkegaard), ele se convenceu de que, por estar agora livre da coerção paterna e com independência financeira para não precisar trabalhar, devia ao pai a obrigação de passar nos exames.

Durante dois anos estudou para valer, vivendo uma vida absolutamente cristã. Nesse período conheceu uma adolescente de boa família, Regine Olsen. Embora a garota tivesse dez anos menos que ele, Kierkegaard afeiçoou-se profundamente a ela.

Cortejou-a na maneira formal da época, enviando-lhe livros e lendo para ela, escoltando-a de braço dado pela Esplanada nas tardes de domingo. Regine ficou deslumbrada com seu rico pretendente, cujo brilhantismo e graças sociais eram temperados por um toque de sedutora melancolia. A afeição de Kierkegaard era igualmente profunda mas inteiramente espiritual. Na sua inocência, Regine dificilmente percebia isso: tal comportamento era considerado bastante normal na sociedade dinamarquesa decente. O lado físico de qualquer relacionamento vinha depois – e ai do pretendente que pensasse de outro modo. Apesar da sua ingenuidade, logo ficou claro para Regine que ela havia se apaixonado por um jovem nada comum.

Kierkegaard era meticuloso com os livros que lhe dava. Insistia em discutir de forma completa as idéias neles contidas, instruindo-a sobre a maneira correta de interpretá-las. Parecia que Kierkegaard queria dominar a jovem de 17 anos de modo tão completo quanto seu pai o dominara. Mas Kierkegaard não era feito da mesma obstinação do pai. Algo nele percebia que isso era errado, que toda a situação era um erro. Mas ainda a amava. Às vezes parava de ler para ela e Regine notava que ele chorava em silêncio. O mesmo ocorria quando, vez ou outra, ela tocava piano para ele. Como Regine observou, "Kierkegaard sofria medonhamente de melancolia" – o que se revelaria, além de tocante, tragicamente profético.

Quando Kierkegaard passou nos exames universitários, ficaram noivos e ele começou sua formação para tornar-se pastor. Uma vida normal acenava para ele. Mas Kierkegaard era incapaz de uma vida normal – e sabia disso. Espiritualmente, psicologicamente, emocionalmente, fisicamente – em quase todos os níveis uma vida assim lhe era impossível. Mas o impossível havia acontecido: ele se apaixonara. Regine tornara-se bem mais que a protegida espiritual que ele havia pretendido. Ao mesmo tempo Kierkegaard sentia-se atraído por uma vida além do normal, uma vida "mais elevada". Mas ainda não sabia plenamente que vida era essa. Tudo o que sabia era que desejava dedicar-se a escrever, à filosofia, a Deus. E por isso sentia instintivamente que era necessário sacrificar tudo o mais.

Dois dias após ficar noivo, percebeu que tinha cometido um erro. Tentou romper o noivado da forma mais gentil possível, mas Regine não compreendeu. Ele lhe devolveu seu anel. Ela continuou sem compreender. (Regine sabia que ele a amava.) Seguiu-se uma tragicomédia, que perturbaria Kierkegaard até o fim da vida. Durante anos ele analisaria, fantasiaria, sofrendo desilusões e dissecando suas reações com uma honestidade de partir o coração.

Quanto mais se preocupava com o assunto, mais profundos ficavam seus pensamentos. O que começou como uma agonia da escolha virou por fim A Agonia da Escolha – o dilema que enfrenta toda a humanidade. A fórmula "o que devo fazer?" universalizou-se em "como devemos viver?"

Kierkegaard tinha agora os dois temas que iriam gerar a sua filosofia: o pai e Regine. Na provação da neurose, da obsessão e do sofrimento, o metal base da liga de suas deficiências seria transformado na essência da condição humana.

Depois que Kierkegaard finalmente rompeu o noivado com Regine, fugiu para Berlim. Ficaria um ano lá. Nesse período foi a conferências do filósofo idealista romântico Schelling, que estava decidido a libertar o pensamento alemão da enfeitiçada influência de Hegel. Essas conferências atraíram um público amplo, incluindo Bakunin (o anarquista russo), Burckhardt (o historiador que primeiro elaborou o pleno significado cultural do Renascimento) e Engels (a outra metade da famosa dupla política com Marx). Como Kierkegaard, esses gênios principiantes buscavam livrar-se da influência generalizada de Hegel. (Todos terminaram por renegá-lo, ainda que duradouramente influenciados por ele.) Mas Kierkegaard ficou desapontado. Schelling não percebera a questão: não havia compreendido que o sistema filosófico de Hegel e, de fato, todos os sistemas filosóficos eram agora coisa do passado. Um sistema construído sobre princípios racionais (como qualquer sistema devia ser) só descrevia os aspectos racionais do mundo. Kierkegaard compreendera – e experimentara plenamente – o fato de que a subjetividade *não* era racional.

Quando voltou a Copenhague, no final de 1842, levava um volumoso manuscrito intitulado *Ou isso ou aquilo: Um fragmento da vida.* A referência autobiográfica do título fica imediatamente evidente, embora tenha publicado a obra com pseudônimo (ou, mais precisamente, uma série de pseudônimos).

A história desses pseudônimos é tão complexa (e implausível) quanto um romance policial. Dizem que o próprio manuscrito foi descoberto numa gaveta secreta pelo editor Victor Eremita (cujo sobrenome provém da palavra grega antiga significando *solitário* ou *proscrito*). Eremita estudou a caligrafia do manuscrito e chegou à conclusão de que era obra de dois autores – um magistrado civil por nome Wilhelm (referido como B) e um jovem amigo anônimo (A). Os papéis escritos pelo juiz Wilhelm (B) contêm dois tratados (sob a forma de longas cartas) seguidos por um sermão – o qual, de acordo com Wilhelm, foi escrito por um obscuro sacerdote da Jutlândia. Entre os textos seguintes encontra-se o famoso "Diário de um sedutor". No prefácio a esse diário, A diz que o roubou de um amigo, Johannes. Esta alegação é desmentida por Victor Eremita, que sugere que Johannes o Sedutor é provavelmente invenção de A e que a alegação de A de ser meramente o editor não passa de "um velho truque de romancista". Mas Victor Eremita complica ainda mais a questão ao sugerir, no prefácio à obra como um todo, que seu próprio trabalho de edição pode ser um disfarce semelhante.

Mais uma vez Kierkegaard viu-se em apuros, que de maneira bem característica transformou numa agonia da indecisão. Colocando a coisa de modo simples, ele desejava esconder-se por trás de um pseudônimo, mas ao mesmo tempo queria deixar óbvio que *era* um pseudônimo (ou uma série de pseudônimos). Não queria expor-se como autor de material autobiográfico como o "Diário de um sedutor" (que era todo sobre seu relacionamento com Regine), mas deixa claro nesse texto que queria veladamente comunicar essa informação a Regine, de modo que ela soubesse da profunda agonia que ele sofrera. (Muitos leitores não filosóficos, atraídos por essa obra em função de seu título sensacional, podem se decepcionar. Desnecessário dizer, nenhuma transgressão física é descrita.)

Mas todo esse absurdo entediante e embaraçoso tinha um propósito sério. Como parte da abordagem dialética que permeava o seu pensamento, Kierkegaard queria expor idéias sob variados pontos de vista. Nenhum ponto de vista único devia ser considerado correto ou autorizado (nem mesmo como sendo o do autor). Ao leitor cabia decidir por conta própria sobre as idéias muitas vezes conflitantes que expressava.

Para superar a aparência de didatismo, Platão acomodou suas idéias sob a forma de diálogos. Mas Kierkegaard era um solitário, e sua adoção da forma "caixa chinesa" parecia mais apropriada. No seu caso, os argumentos tinham lugar dentro de uma mente única. A base da sua filosofia era o subjetivo.

Mas o que exatamente *disse* em *Ou isso ou aquilo*? Fundamentalmente sugeriu que há duas maneiras de viver a vida: a estética e a ética. Cada indivíduo tem oportunidade de fazer uma escolha entre as duas. Aí estão as sementes do existencialismo. Ao fazer essa opção, o indivíduo deve aceitar inteira responsabilidade por suas ações, que caracterizarão toda a sua existência do modo mais fundamental.

Indivíduos que optam pelo ponto de vista estético vivem basicamente para si mesmos e para o seu próprio prazer. O que não precisa ser uma atitude superficial em relação à vida. Ao trabalhar para o nosso próprio prazer, quase invariavelmente trabalhamos também para o prazer dos outros, se pensarmos a longo prazo. Com efeito, poder-se-ia dizer que o cientista que altruisticamente dedica toda a sua vida à cura de uma enfermidade dolorosa, sacrificando com isso o prazer pessoal, doméstico e social, está também vivendo a vida estética se o faz simplesmente porque gosta da pesquisa científica. E no contexto da psicologia moderna e da sociedade liberal, é difícil ver como alguém *não* vive a vida estética. Cada um à sua maneira estranha e maravilhosa, parece que todos buscamos o prazer.

A falta de inclinação de Kierkegaard por esse ponto de vista era típica de sua época e lugar (a devota Escandinávia pré-freudiana), mas sua análise do que ele significa é sutil e profunda. Sabia do que estava falando: tinha vivido dessa forma no tempo de estudante e ainda sentia o peso da culpa pelo elemento que lhe restara disso.

Num nível básico, o indivíduo que vive a vida estética não tem o controle da sua existência. Ele vive o momento, levado pelo prazer. Sua vida pode ser contraditória, carente de estabilidade e certeza. Mesmo num nível mais calculado, a vida estética continua sendo "experimental". Sentimos certo prazer apenas enquanto ela exerce apelo sobre nós.

A inadequação do ponto de vista estético é fundamental. Porque ele se apóia no mundo externo. Ele "espera tudo de fora". Dessa forma, é passivo e carente de liberdade. Apóia-se em coisas que estão, em última instância, além do controle da sua vontade – como o poder, as posses ou mesmo a amizade. É contingente, dependente do "acidental". Não há nada "necessário" nele.

Se compreendermos essas coisas, veremos a inadequação última da existência estética. Quando um indivíduo que vive a vida estética reflete sobre sua existência, logo percebe que lhe faltam certeza e significado. Tal percepção freqüentemente leva ao desespero.

Esse desespero pode ser reprimido ou ignorado e pode ser mesmo completamente esquecido com uma existência burguesa respeitável. Em outros casos, um indivíduo pode chegar a ver esse próprio desespero como o significado da sua vida. Perversamente vai tranqüilizá-lo de que pelo menos isso é certo. Quando nada, é algo de que não pode ser privado. Como o herói trágico, pode mesmo encontrar consolo dizendo-se que está "fadado por natureza" a esse desespero.

Dessa forma pode se orgulhar do seu "heróico" desespero e alcançar um nível de tranqüila compreensão. Mas Kierkegaard logo aponta a falha nesse "fatalismo sedutor". Ao aceitá-lo renunciamos a algo vital, algo central à própria noção da nossa existência. Renunciamos inclusive à possibilidade da liberdade. Ao aceitar que estamos "fadados", rejeitamos a responsabilidade por nosso próprio destino individual. Não somos responsáveis por nossas vidas; somos meros joguetes nas mãos do destino. Como somos, como vivemos, não é creditado a nós, não é culpa nossa.

Kierkegaard é ótimo em detectar os subterfúgios da auto-ilusão. (Ao rejeitar aquilo em que fundamentalmente acreditou no seu tempo de estudante, experimentou-os todos em si mesmo.)

Sua eliminação das camadas de auto-ilusão aponta como sair da condição estética. Podemos achar difícil concordar com sua conclusão final (que inevitavelmente era o cristianismo, numa aparência assustadoramente espiritual), mas os passos com que nos leva ao longo do caminho são instigantes. Pois, o mais importante, ele nos leva para fora do abismo do desespero, para uma vida em que assumimos plena responsabilidade pelo que fazemos da vida.

O desespero que Kierkegaard descreve é uma condição profunda que se tornou cada vez mais dominante em nossa época. A maneira como delineou esse desespero – a forma que adquire, as falácias psicológicas por trás das quais se esconde – foi extremamente premonitória. A solução que lhe deu foi igualmente radical. A única resposta é assumir a posse integral da própria existência e aceitar responsabilidade por ela. Esta, mais do que a mensagem final cristã, foi a mais influente contribuição de Kierkegaard. E deveria se tornar ainda mais importante no século seguinte, à medida que o indivíduo perdia cada vez mais a fé em Deus, vendo sua própria existência ameaçada pela psicologia determinista, afogado na "cultura de massas" e negado pelo totalitarismo ou perdido nas complexidades da ciência. A autocriação por opção consciente muitas vezes pareceu a única alternativa ao desespero. Nas palavras de Kierkegaard, a maneira de escapar do abismo é "querer profunda e sinceramente".

(Usei em geral o masculino "ele" quando expus os argumentos de Kierkegaard. Mas isso não indica uma limitação desses argumentos – isto é, que se apliquem somente a metade da raça humana –, apenas uma limitação lingüística. A escolha do masculino em vez do feminino não se deve inteiramente a um preconceito machista mas visa refletir a natureza profundamente autobiográfica da filosofia de Kierkegaard. Em quase todas as instâncias ele viveu pessoalmente os estados mentais, argumentos, angústias e desesperos que descreve.)

Isso nos leva à alternativa para a vida estética – a vida ética. Aqui a subjetividade é o "absoluto" e a principal tarefa é "fazer a opção". O indivíduo que vive a vida ética cria a si mesmo com sua opção, e a autocriação se torna o objetivo da sua existência. Ali onde o indivíduo estético meramente aceita-se tal como é, o indivíduo ético procurar conhecer e mudar a si mesmo por escolha própria. Será guiado nisso pelo seu autoconhecimento e sua vontade – não de aceitar o que descobre, mas de tentar melhorar isso.

Aqui vemos a categórica diferença entre o estético e o ético: o primeiro preocupa-se com o mundo exterior, o último com o mundo interior. O indivíduo ético busca conhecer a si mesmo e tenta transformar-se em algo melhor – ele busca tornar-se um "eu ideal". Não é claro por que precisamente escolheria fazer isso, a não ser que aceitemos que ao se conhecer ele está fadado a se iluminar e, assim, a pretender uma vida "mais elevada" no que diz respeito a um conjunto de padrões éticos.

O que fica claro é que o indivíduo ético não é mais contingente, inconsistente ou acidental. Ele "expressa o universal na sua vida". Ao fazê-lo, penetra o reino de categorias fundamentais como o bem e o mal, o dever e assim por diante. O argumento de Kierkegaard sobre como o indivíduo ético passa do "absoluto" da subjetividade para esse "sistema de vida universal" não é muito convincente. Ele supõe que nós automaticamente reconhecemos o ético como superior e que por isso somos naturalmente atraídos por ele. Como assinalei, a psicologia do século XX questiona o primeiro; e essa última implicação envolve a mais antiga de todas as falácias. (Isto é, a de que, ao reconhecermos algo como bom, achamos que devemos praticá-lo.)

Mas Kierkegaard torna clara o bastante sua distinção básica entre o estético e o ético. Um é "externo", contingente, inconsistente e autodissipante; o outro é "interior", necessário, consistente e autocriativo. Isto é convincente, distante de uma falha básica. Jamais podemos viver uma vida exclusivamente ética – sempre haverá necessariamente um elemento "exterior" e acidental em nossas vidas. Mesmo quando escolhemos o ético, um elemento estético está fadado a permanecer.

Por um processo dialético, essa própria insatisfação em relação ao ético traz agora um terceiro ponto de vista que é uma síntese dos dois opostos anteriores: o estético e o ético. A isso Kierkegaard chama religião, de que tratará na sua obra seguinte, *Temor e tremor* (escrita sob o pseudônimo de Johannes de Silentio).

Nessa obra Kierkegaard examina a noção de fé, que define como o ato subjetivo último. É um ato irracional – um "salto" para além de toda justificação possível. Nada tem a ver com a ética ou o bom comportamento. A vida ética, com sua noção de autocriação e escolha responsável, é incapaz de acomodar plenamente o salto da fé. Essa "irracionalidade superior" está além do ético, que requer um comportamento racional. A fé liga o indivíduo a algo superior, que é a própria essência de tudo quanto é ético. De acordo com Kierkegaard, a vida ética diz respeito basicamente à religião no sentido social, mas alcançar o estado religioso requer uma "suspensão teleológica do ético". Em outras palavras, é necessário suspender nossos padrões éticos de modo que possamos transcendê-los e alcançar um propósito maior.

O religioso, segundo Kierkegaard, pode ser visto como uma síntese dialética do estético e do ético. Combina a vida interior e a exterior, a certeza e a incerteza (o salto da fé estendendo-se para além de toda certeza).

Kierkegaard ilustra o estado religioso com a história bíblica de Abraão e Isaac. Para testar sua fé, Deus ordena a Abraão que mate o filho Isaac. Esse ato só pode ser visto como eticamente errado – mas a verdadeira fé (exigência do estágio religioso) envolve o propósito divino, que rejeita e suplanta toda demanda meramente ética.

Abraão se dispõe a seguir a ordem de Deus, independente da repugnância que possa sentir por semelhante ato. Nisso está levando uma vida no nível religioso, que é superior à vida ética porque tem fé na divindade da qual o ético se origina.

Muitos, com razão, verão nessa atitude uma perigosa loucura. Os fanáticos religiosos em toda a história se comportaram dessa maneira. Da mesma forma, os tiranos e os *Führer* obedeceram a comandos psicológicos similares. E a chave desse problema é a psicologia. A única defesa efetiva de Kierkegaard, aqui, é que está lidando com um diálogo da alma, não de um ato público. Olhem Abraão e Isaac como elementos distintos da mesma pessoa e tudo fica não apenas mais claro como até mesmo plausível. O sacrifício é necessário se desejamos alcançar algo. Esse sacrifício é geralmente irracional e pode até contradizer nossas noções anteriores de certo e errado. Subjetivamente, muitas vezes descobrimos nosso propósito na vida através de um salto irracional da fé que pouco ou nada tem a ver com o ético. Kierkegaard relaciona isso ao religioso. Mas é também o modo como qualquer pessoa dá à sua vida um propósito absorvente – ao "acreditar em si mesma" como qualquer coisa, seja um artista ou um futuro primeiro-ministro ou um comediante de destaque. Como colocou Kierkegaard, "a vida de um poeta começa em conflito com toda a existência".

Kierkegaard examina longamente a história de Abraão e Isaac e não é difícil ver por quê. Mais uma vez reflete-se aí fortemente a sua ruptura com Regine. Como vimos, isso pode ter parecido "errado" no sentido ético, mas Kierkegaard o viu como necessário ao pretender seguir a vida religiosa. Também não é difícil ver obscuros reflexos do seu relacionamento com o pai. No último instante Deus deteve a mão de Abraão, e Isaac não foi sacrificado. Kierkegaard fora levado à beira da destruição espiritual pelo pai dominador, que então morreu para que o filho pudesse se "tornar alguma coisa".

Aos 30 anos de idade, Kierkegaard dedicava sua vida quase inteiramente a escrever. Não via mais os velhos colegas e levava uma existência solitária. Só saía para longas caminhadas pelas ruas de Copenhague, onde sua aparência cada vez mais excêntrica chamava a atenção. Figura magra e recurvada, usava um chapéu alto e calças apertadas com uma perna sempre mais curta que a outra. Aparentando ser mais velho do que era, já passava por um homem de meia idade. Ocasionalmente parava e conversava com criancinhas. Dava-lhes pequenos presentes e elas cautelosamente se deliciavam com o humor travesso daquele estranho e jovem velhinho.

Nos fins de semana Kierkegaard alugava um coche e passeava pelos jardins da cidade ou ia até o campo. Permaneceu cônscio do seu status como filho de um dos comerciantes mais ricos da cidade. Mas a família Olsen tinha ficado ultrajada com o seu comportamento em relação a Regine e o resultado foi que a sociedade educada o colocou no ostracismo.

Nos domingos ia à igreja. Entre os outros membros da congregação muitas vezes via Regine. E ela o notava. Não se falavam, mas estavam bem cientes da presença um do outro. Embora a tivesse ferido gravemente (e mais ainda a ele mesmo), permanecia um laço oculto entre eles. Com todo o seu auto-exame psicológico e sua honestidade, Kierkegaard continuava curiosamente propenso à ilusão. Não conseguia evitar a esperança de que algum dia, de alguma forma, ele e Regine se uniriam de novo, presumivelmente em algum tipo de laço espiritual. Embora soubesse que era impossível, não podia impedir-se de desejar o impossível. A análise que fazia da relação deles continuava a ser uma preocupação constante. E isso apenas contribuía para seu autoconhecimento cada vez mais profundo. Tornou-se por demais consciente dos infindáveis subterfúgios que a mente emprega consigo mesma. O que havia começado como um fiasco extremamente pessoal da inadaptação levou-o a ver as inadequações universais da natureza humana. A própria subjetividade era impossível, embora tivesse que ser vivida.

Enquanto isso, continuava a escrever obsessivamente. Nos dois anos seguintes (1844-46) publicou meia dúzia de livros com vários pseudônimos, entre eles os de Johannes Climacus (João Alpinista), Vigilius Haufniensis (Vigia da Esterqueira), Hilarius Encadernador (nenhuma hilaridade aqui, aliás) e Frater Taciternus (estranha escolha para um autor vítima de logorréia). A essa altura, como bem havia esperado, os literatos de Copenhague começaram a adivinhar a verdadeira identidade daquele silencioso e hilariante escalador da esterqueira.

As idéias de Kierkegaard continuaram a desenvolver-se num ritmo similar ao de sua produção literária. Sua análise da noção de existência seria crucial para o posterior desenvolvimento do existencialismo. Para Kierkegaard, a existência era um "irracional". (Em matemática, um irracional é uma quantidade que não pode ser expressa em números ordinários, como pi.) Para ele, a existência era o que restava depois que tudo o mais era analisado. Estava simplesmente "aí". (Kierkegaard comparava-a a uma rã que se descobre no fundo da caneca de cerveja depois que se termina de beber a cerveja.)

Mas quando examinamos nossa própria existência, descobrimos que é mais do que simplesmente estar "aí". Ela precisa ser vivida. Tem que ser transformada em ação por meio do "pensamento subjetivo". Esse é o elemento essencial da nossa subjetividade, que conduz à verdade subjetiva. Aqui vemos o que Kierkegaard quer dizer quando afirma que "a subjetividade é a verdade".

Para Kierkegaard há dois tipos de verdade. A verdade objetiva, como a da história e a da ciência, está ligada ao mundo exterior. Pode ser confirmada por referência a critérios externos. Em outras palavras, a verdade objetiva depende do *que* é dito. A verdade subjetiva, por outro lado, depende de *como* se diz uma coisa.

Ao contrário da verdade objetiva, a subjetiva não tem critérios objetivos. Kierkegaard dá o exemplo de dois homens que fazem suas orações. Um reza à "verdadeira concepção de Deus" (a cristã, para Kierkegaard), mas o faz com "espírito falso". O outro é pagão e reza a seu ídolo primitivo, mas com uma "paixão total pelo infinito". Para Kierkegaard é o segundo que possui a maior verdade subjetiva, pois reza "de verdade". A noção de verdade subjetiva de Kierkegaard equivale à sinceridade, só que um pouco mais além. Envolve um apaixonado compromisso interior.

As verdades subjetivas são as mais importantes para Kierkegaard porque estão fundamentalmente ligadas à nossa existência. Como vimos, não têm qualquer critério objetivo; ao contrário, estão ligadas ao "irracional" que permanece quando todos os critérios objetivos já foram analisados. A verdade subjetiva diz respeito assim ao próprio fundamento dos nossos valores – não tanto ao fato de serem ou não "corretos", mas à natureza do nosso compromisso com eles.

De acordo com essa visão, nenhuma moralidade pode derivar do fato objetivo. É bem curioso que Kierkegaard se alie aqui a um filósofo escocês do século XVIII, profundamente cético e ateu, chamado David Hume. Segundo Hume, tudo o que podemos saber é o que experimentamos. Daí derivamos os chamados fatos. Mas desses fatos não é possível derivar nenhuma moralidade. Só porque a sobriedade *é* propiciadora de um comportamento correto não podemos por isso dizer que *devemos* permanecer sóbrios. Kierkegaard e Hume concordam que um "dever" não pode decorrer de um "ser". (Esse procedimento, que tenta incluir a ética na filosofia, é hoje conhecido como falácia naturalista.)

Mas a crença de Kierkegaard na superioridade da verdade subjetiva (em relação à verdade objetiva) levou-o a duvidar da visão de Hume sobre a primazia do fato. Corretamente Kierkegaard percebe que mesmos os chamados fatos podem ser determinados por nossa atitude. Em considerável medida, nossos valores determinam os "fatos". Confrontados com a mesma realidade, o cristão e aquele que busca o prazer podem ver "fatos" diferentes. (Por exemplo, diante de um bordel ou de um retiro religioso.) Dessa forma, cada indivíduo é, em certa medida, o criador do seu próprio mundo. E cria seu mundo em função dos valores que tem.

Não é difícil ver nesse pensamento as sementes do relativismo atual, com sua rejeição de toda a noção de verdade objetiva. Kierkegaard também antecipa a fenomenologia do século XX, que vê todas as formas de consciência como "intencionais" – em outras palavras, a consciência tem sempre um propósito. Vemos o mundo do jeito que vemos em função do que pretendemos fazer com ele. Como observa Wittgenstein: "O mundo do homem feliz é diferente do mundo do infeliz", cuja aparente banalidade adquire um caráter mais profundo quando se percebe que se trata aqui do exercício da vontade. Como percebeu Kierkegaard, o indivíduo vê o mundo que quer ver, o que depende dos valores que escolheu previamente, aqueles segundo os quais ele vive, *que fazem dele o que ele é*. Kierkegaard argumenta, assim, que os valores que fazem do indivíduo o que é também fazem o mundo.

O ponto de vista fenomenológico pode ser verdadeiro para o cientista que acredita na ciência, cujo mundo é diferente do mundo do historiador que acredita na história – mas tem sérios inconvenientes. O maior deles é o perigo do solipsismo – o ponto de vista de que só eu existo, de que o mundo está todo aqui para mim. Como diria Kierkegaard, só eu sou responsável pelo meu mundo (isto é, o mundo que habito). Isso foi levado aos seus extremos lógicos no século XX pelo existencialista Jean-Paul Sartre. Quando servia no exército francês em 1940, achou que devia aceitar toda a guerra mundial como responsabilidade sua. Esse sublime egoísmo (façanha possível somente a um verdadeiro intelectual) pode ser um tônico moral, mas dificilmente leva a uma visão de mundo que tenha alguma utilidade.

Esse, porém, era exatamente o tipo de tônico moral que Kierkegaard buscava. Seu objetivo era tornar a existência o mais intensa possível. Só dessa forma a vemos tal como é, pelo que é, e o que *pode* ser.

A existência é um risco colossal. Jamais podemos saber se a maneira de viver que escolhemos é a correta. Qualquer um que perceba isso *plenamente*, que tenha uma consciência constante disso, está fadado a se angustiar, segundo Kierkegaard. Essas verdades subjetivas, que não se apóiam em nenhuma evidência objetiva, baseiam-se em nada. Literalmente. Assim passamos a conhecer o nada da existência, a incerteza última que jaz no coração da existência. A vida é fundamentalmente tateante e ilusória.

Mesmo a própria consciência é uma contradição. Trata-se de uma interseção do ato e da potência, do ponto de encontro do que é e do que não é. (Como também colocou Kierkegaard, "a vida é entendida em retrospecto mas vivida para adiante".) A consciência está assim em oposição consigo mesma: é uma "duplicidade".

Como notou Kierkegaard, as palavras *duplo* e *dúvida* têm a mesma raiz. (Vêm de "duo", com a dúvida significando duas possibilidades.) A própria consciência é uma forma de dúvida. Isso questiona o próprio Descartes, o filósofo que duvidou de tudo mas acabou descobrindo que não podia duvidar que estava duvidando, isto é, que estava antes de mais nada pensando. Mas Kierkegaard mostrou que a consciência (ou o pensamento consciente), longe de ser segura, é ela mesma uma forma de dúvida. Por quê? Porque na consciência duvidamos da própria existência.

Mas será que se trata, no caso, de uma cobra que engole o próprio rabo? Aqui estamos de fato em terreno ilusório, com os poucos conceitos que temos ficando ainda mais escorregadios. Por exemplo: tudo bem dizer que mesmo a consciência está sujeita à dúvida, mas será que algo que não existe pode fazer alguma coisa, quanto mais duvidar de si mesmo? Os defensores de Kierkegaard argumentam que ele não diz que a consciência não existe, apenas duvida de sua existência. Esse é um ponto crucial. O que Kierkegaard diz é que é possível "duvidar da consciência aos pouquinhos". Mais uma vez revertendo ao ceticismo de Hume, ele viu que é possível questionar a continuidade da consciência. Não *experimentamos* essa continuidade entre um momento e outro. Tudo o que experimentamos é o momento, o presente.

A consciência é, portanto, extremamente precária. Assim que nos conscientizamos disso, a existência torna-se ainda mais arriscada. O que fica mais enfatizado quando temos em mente que podemos morrer a qualquer momento (fato que aprendemos com a experiência e também com a percepção da falta de continuidade da consciência). Simultaneamente deveríamos estar cientes da completa liberdade que temos a cada momento. Podemos escolher *qualquer coisa* – podemos transformar completamente nossas vidas. A cada momento somos confrontados com a suprema liberdade. Essa é a verdadeira situação que enfrentamos. Como resultado, quando temos plena consciência da realidade da nossa situação, sentimos "pavor", angústia.

Kierkegaard escreveu um livro inteiro sobre *O conceito de angústia*, uma das mais importantes obras de psicologia pré-freudianas. Nela Kierkegaard distingue dois tipos diferentes de medo ou angústia. Primeiro, o medo que sentimos quando somos ameaçados por algo exterior (por exemplo, um leão que ruge). O segundo tipo de medo resulta de uma experiência interior – a confrontação com as ilimitadas possibilidades de nossa própria liberdade. Quando nos tornamos conscientes dessa liberdade, percebemos sua enormidade e sua irracionalidade. (Como assinala Kierkegaard, é impossível provar que temos liberdade, porque essa prova envolveria a necessidade lógica, que é o oposto da liberdade.)

A liberdade nada tem a ver com a filosofia. É uma questão psicológica, que depende de nossa atitude ou estado mental. Nosso estado mental nos faz compreender nossa liberdade. E percebemos nossa liberdade em toda a sua extensão quando experimentamos o estado mental chamado medo. Nesse sentido, o indivíduo não existe em absoluto como "ser", existe apenas num estado de constante "vir-a-ser". O medo que isso provoca é o terror que mora no coração de toda normalidade. Percebê-lo plenamente mergulha a pessoa na loucura. Segundo Kierkegaard, a única maneira de escapar disso é dar o salto igualmente irracional da fé. O indivíduo é "salvo" assim dessa loucura e desintegração ligando sua interioridade subjetiva a Deus. (Outros podem preferir fugir dessa situação com a "crença" na ilusão da realidade cotidiana, onde essa desconcertante liberdade é estranhamente disfarçada pelas demandas da normalidade.)

Mas será que a consciência da nossa liberdade essencial é de fato suficiente para despertar em nós essa terrível sensação de pânico? Ou apenas gênios como Kierkegaard ou Kafka são capazes de perambular por aí num estado constante de angústia com as possibilidades de sua própria existência? Talvez. Mas nós, os medíocres – a maioria saudável –, também podemos sentir esse pavor. Andando por uma trilha num rochedo sentimos medo de cair e a vertigem do abismo. Mas parte dessa sensação deve-se também a um curioso impulso que parece ao mesmo tempo nos atrair para a beirada e nos repelir. Segundo Kierkegaard, isso se deve à consciência de que poderíamos nos jogar dali – o medo dessa liberdade que está ao nosso alcance. Aí também sentimos pânico, angústia: a loucura e o terror que subjazem à normalidade.

Em 1844 Kierkegaard concluiu *O conceito de angústia* e também um livrinho intitulado *Migalhas filosóficas*. A este acrescentou extenso *Pós-escrito conclusivo não científico: Composição mímico-patético-dialética, uma contribuição existencial* (sob o pseudônimo de Johannes Climacus mas "publicado por S. Kierkegaard"). Aí aparece pela primeira vez a palavra *existencialista* – na sua forma dinamarquesa *Existensforhold* ("condição de existência, relação existencial"). Kierkegaard a essa altura já tinha escrito mais de um milhão de palavras em cinco anos e não era de espantar que se sentisse perdido sobre o que dizer.

Assim, mantendo a sua filosofia, ele decidiu agir – criar a si mesmo fazendo uma opção importante. Sua decisão de agir foi caracteristicamente perversa. Algumas de suas obras publicadas sob pseudônimo receberam críticas razoavelmente favoráveis na revista *Corsair*. Era a folha satírica e escandalosa de Copenhague, famosa pelos ataques e vitupérios contra personalidades locais. Kierkegaard optou então por instigar a *Corsair* a atacá-lo, publicando uma carta maldosa contra a revista ("é um insulto ser elogiado em tal publicação") e revelando a identidade dos seus editores anônimos (o que fez um deles perder a oportunidade de um cargo no magistério).

O resultado era previsível. Por vários meses, todas as edições de *Corsair* trouxeram ataques a Kierkegaard e seus pseudônimos. Sua aparência foi caricaturada, suas roupas ridicularizadas e suas idéias viraram motivo de zombaria. Antes, Kierkegaard era notado como uma figura estranha, um escritor e intelectual talentoso que fora "acometido de religião" e se tornara um recluso depois de um amor infeliz. Nas ruas era visto como uma curiosidade, mas pouca atenção despertava em geral. Agora tudo isso mudara. Em função da série de artigos e desenhos na *Corsair*, o homenzinho magro, curvado e envelhecido, com seu andar de caranguejo, suas calças com pernas de tamanho desigual e seu grande guarda-chuva, tornou-se objeto da chacota pública. Nas ruas, crianças e rapazolas passavam correndo por ele, fazendo zombarias. Lojistas e membros respeitáveis da sociedade riam abertamente quando ele passava.

Kierkegaard era uma personalidade sensível e seus sofrimentos com esse tratamento podem ser imaginados. Mas a questão é que ele mesmo atraíra tudo isso. Ele sabia exatamente o que estava fazendo. ("Aluga-se a *Corsair* para abusar, assim como se aluga um tocador de realejo para fazer música.") Então por que ele o fez? Como seria de esperar em se tratando de uma personalidade tão complexa, a resposta não é nada simples. Não há dúvida de que era uma manifestação do mesmo complexo de mártir que o levara a espicaçar os colegas mais velhos na escola. Não há dúvida também de que o desprezo público por sua obra tinha algo a ver com isso. Kierkegaard tinha agora 33 anos de idade e ainda mal era conhecido como escritor. Assim, se não podia ser famoso, ficaria notório.

Por trás dessa dubiedade e egoísmo, Kierkegaard tinha também um propósito mais sério e sincero (embora não desprovido de egoísmo e dubiedade). Queria ser ultrajado pelos concidadãos para se tornar um homem melhor. Usava-os para tornar-se um cristão melhor. Se queria viver a vida do espírito, a única que valia a pena, essa era uma maneira de se estimular. (Se suas aspirações menores de antes foram em parte inconscientes, essa certamente não o era.) E naturalmente havia uma razão subjacente a todas elas. Nas palavras do único contemporâneo de Kierkegaard que a ele se compara como pensador religioso (Pascal), "o coração tem razões que a própria razão desconhece". A razão que se escondia no coração de Kierkegaard era Regine. Ele desejava chamar sua atenção, mostrar-lhe como estava sofrendo.

Mas se sua intenção era cativar Regine, ele evidentemente fracassou. Nessa época ela ficou noiva de outro homem e um ano depois se casava. Isso feriu profundamente Kierkegaard, embora não o demonstrasse. O que deixava ver era o prematuro envelhecimento em suas feições encarquilhadas. Os anos de sofrimento intenso, ascetismo, isolamento e constante esforço mental começavam a cobrar seu tributo. Mas, apesar de todo o seu discernimento cada vez mais profundo da condição humana, ainda apegava-se à sua impossível ilusão, sonhando que um dia se uniria de alguma forma a Regine. (Aos domingos ainda se viam na igreja.)

Em abril de 1848 Kierkegaard teve uma experiência religiosa. "Toda a minha natureza mudou", escreveu no diário. Percebeu que apenas seu amor por Deus poderia protegê-lo da preocupação excessiva consigo mesmo. Daí em diante passaria a escrever diretamente a palavra de Deus, não mais se escondendo por trás de pseudônimos. Fez isso numa outra série de livros, meia dúzia de obras nos três anos seguintes.

A visão religiosa de Kierkegaard é totalmente louca, adequada apenas a santos e misantropos dedicados. Na sua opinião, "toda a existência humana opõe-se a Deus". No centro da religião de Kierkegaard (como também no coração da sua psicologia) está a noção da Queda – a perda da graça do Jardim do Éden pela humanidade. Essa queda foi o egoísmo, cuja principal manifestação era o sexo. Como sempre, tudo culpa das mulheres, que ganham com a experiência imagem bem negativa. "As mulheres são o egoísmo personificado ... Toda a história do homem e da mulher é uma enorme intriga construída sutilmente ou um truque calculado para destruir o homem como espírito." A única resposta é o celibato – *em escala universal.* A vontade de Deus só será cumprida quando toda a raça humana se extinguir.

Espantosamente, no meio de todo esse disparates hilariantes, Kierkegaard continuou a produzir pensamentos valiosos. Mais uma vez lançou-se contra sua *ovelha negra* filosófica, Hegel, com uma devastadora crítica visando demonstrar a fraude do hegelianismo e a patética inadequação de sua pretensão de explicar a existência. Kierkegaard insistia que era impossível compreender a existência intelectualmente, com a mera construção de um vasto sistema ao seu redor. Assim que se identificava a existência com o pensamento racional, não havia mais lugar para a fé.

Em *Enfermidade mortal*, Kierkegaard analisa o desespero, que vê como o fracasso da "vontade de ser o eu que se é realmente". É um terreno perigoso. Na verdade, a afirmação de Kierkegaard aqui contradiz sua alegação anterior de que o eu não existe como ser mas como vir-a-ser. Pressupõe um "eu que se é realmente". Kierkegaard camufla essa questão falando adiante do "eu que se é potencialmente". Mas cada indivíduo tem um "verdadeiro eu" ou mesmo um único "eu potencial" particular? Essa é uma questão fundamental. Há uma categórica diferença entre usar as várias potencialidades da pessoa (que podem ser contraditórias ou mesmo mutuamente exclusivas) e visar um hipotético "eu verdadeiro". A maioria dos indivíduos é confrontada desde o início com uma variedade de opções de vida, cada uma das quais pode incluí-lo como "fiel a si mesmo" – isto é, atualizando algumas ou muitas das suas potencialidades. Não é possível cumprir *todas* as potencialidades do indivíduo. (Albert Schweitzer era um músico de padrão profissional mas preferiu dedicar suas energias ao trabalho missionário. Qual era o seu "verdadeiro eu"?) Como acontece com muitos que nos encorajam a "sermos nós mesmos", há um propósito oculto aqui se esse "eu verdadeiro" já está determinado.

E se não está precisamente determinado? Com certeza é ainda possível falar em "descobrir" nosso verdadeiro eu? Não; a descoberta envolve algo que já está lá, ainda que desconhecido. O melhor argumento contra a "autodescoberta" foi usado anteriormente pelo próprio Kierkegaard. Ele falou em utilizar a opção para *criar* o próprio eu. Essa é a verdadeira liberdade (produtora de *Angst*), na qual ele insiste em outra parte.

Mas voltando ao desespero. Para Kierkegaard, o desespero inconsciente ocorre quando um indivíduo se identifica com algo exterior a ele. Isso pode ser fútil (querer ser o próximo Einstein) ou o pináculo da ambição (casar com Madonna). Nos dois casos, o indivíduo fica à mercê do destino: outra pessoa se torna Einstein ou sua proposta é cruelmente recusada. Por não alcançar seu eu ambicioso, o indivíduo não consegue suportar-se. O resultado é um vazio interior, acompanhado de uma vontade inconsciente de morrer.

O desespero consciente tem noção de si mesmo. Isso ocorre de duas maneiras. A falsa noção de desespero consciente se dá quando um indivíduo sabe que se desespera mas imagina que tal não acontece com os outros. ("Ninguém sabe como me sinto.") Isso o leva a um desespero ainda maior. A verdadeira noção de desespero consciente percebe que o desespero é na verdade parte da condição humana e, como tal, parte de todo ser. Esse verdadeiro desespero é, portanto, consciente de pertencer a um eu. A única maneira de um indivíduo escapar ao desespero é "optar pelo seu próprio eu" e dar o salto da fé. Aqui Kierkegaard revela seu propósito oculto: o único "eu verdadeiro" é o crente.

Kierkegaard continuou a escrever furiosamente até passar dos 40. Estava mais velho do que era na verdade e o dinheiro começava a faltar. Precisava arranjar trabalho, mas havia possivelmente apenas um ofício ao seu alcance: o de pastor. Embora sob certos aspectos parecesse aceitar esse estado de coisas, algo nele definitivamente repelia tal perspectiva. Por princípio se recusava a ganhar a vida com religião e sua idéia do cristianismo não era partilhada pela Igreja da Dinamarca. (Era implausível uma Igreja que aceitasse pastores casados pregarem o celibato universal.)

Kierkegaard decidiu que era hora de expor a charada do cristianismo tal como era pregada pela Igreja da Dinamarca. Apesar da escassez de recursos, lançou uma revista intitulada *O Momento* (editor e único colaborador: S. Kierkegaard). Nela atacava a Igreja como "uma máquina", castigando um dos seus amados bispos como um hipócrita mundano. (Para piorar as coisas, era também hegeliano.) Numa edição chegou a sugerir que se descobrissem que Cristo não existiu, a Igreja continuaria exatamente como antes e poucos pastores renunciariam a suas vidas de conforto.

Como era de esperar, isso causou grande escândalo. Não havia agora nenhuma chance de Kierkegaard perder sua liberdade: um emprego de pastor estava fora de questão. Sob vários aspectos, foi a repetição do incidente com a *Corsair*. Mais uma vez Kierkegaard alcançava a fama e atraía a atenção geral (seus artigos logo foram traduzidos em sueco e a controvérsia se espalhou pela Escandinávia). O mundo lhe dava o que ele achava (consciente ou inconscientemente) que lhe era devido. Mas era a fama da única maneira que Kierkegaard podia aceitar – notoriedade e execração. Ao mesmo tempo, não é difícil ver aqui um eco do jovem Kierkegaard pai amaldiçoando a Deus numa colina da Jutlândia. E, claro, o episódio trouxe-o novamente à atenção de Regine.

O marido de Regine fora recentemente nomeado governador das Índias Ocidentais dinamarquesas (três ilhotas caribenhas). Kierkegaard quase certamente soube disso; até que ponto esse fato desencadeou o lançamento de *O Momento* é algo que só se pode especular. Em abril de 1855, na manhã em que zarpava para as Antilhas, Regine deu um jeito de encontrar Kierkegaard na rua. Parou então e lhe disse calmamente: "Deus o abençoe. Que as coisas saiam bem para você." Kierkegaard ergueu o chapéu, "trocando saudações gentilmente", e cada um seguiu o seu caminho. Foi a primeira vez que se falaram depois de rompido o noivado, quatorze anos antes. E seria a última vez em que poriam os olhos um no outro.

Uma fraqueza crescente, combinada com o estresse da sua campanha contra a Igreja, logo cobrou tributo à saúde de Kierkegaard. Sete meses depois da partida de Regine para as Índias Ocidentais, ele sofreu um colapso na rua e foi levado para o hospital. Usou o que restava do seu dinheiro para pagar a impressão do número seguinte de *O Momento*. Fraco e em desespero (estado cuja topografia conhecia tão detalhadamente), perdeu a vontade de viver. Mas nunca perdeu a fé. Os que o viam reparavam o olhar radiante que dava vida a seu rosto emaciado e o seu ar de serenidade. Morreu em um mês, em 11 de novembro de 1855. Deixou em testamento seus poucos bens para Regine.

O enterro de Kierkegaard atraiu uma multidão inesperadamente grande, com estudantes competindo para carregar o caixão. Exatamente como teria gostado, um incidente escandaloso teve lugar no cemitério: um grupo protestou contra a hipocrisia da Igreja, que reivindicava Kierkegaard no seu rebanho ao sepultá-lo em campo santo. Alguém leu uma passagem insultuosa de *O Momento.* Seguiu-se um tumulto...

POSFÁCIO

. . . .

Kierkegaard foi logo esquecido. Só no começo do século XX começou a se disseminar o interesse pela sua obra. Suas idéias tornaram-se influentes na Alemanha, onde eram vistas como um paralelo filosófico da emergente psicanálise freudiana.

As idéias de Kierkegaard foram desenvolvidas por Husserl, fundador da fenomenologia, que tentou (sem sucesso) fazer da análise filosófica da consciência uma ciência racional. Como ocorre muitas vezes com o fracasso filosófico, sua tentativa revelou-se filosoficamente estimulante e frutífera. As idéias de Kierkegaard foram levadas um pouco mais adiante por um discípulo de Husserl, o também alemão Heidegger, cuja influência sobre o pensamento europeu do século XX continua predominante (apesar de sua desgraça pessoal devido ao envolvimento com os nazistas).

Muitos referiram-se a essa nova filosofia como existencialismo, e Kierkegaard foi no geral considerado seu fundador. O existencialismo é a única tentativa ocidental de filosofia irracional. Ninguém questiona o seu sucesso enquanto tal – mas apenas, antes de mais nada, se tal coisa é possível. Ao contrário das filosofias racionais, passadas ou presentes, o existencialismo é puramente subjetivo. Isso deveria dificultar a discussão com um existencialista, mas não foi o que acabou acontecendo (os existencialistas são famosos por suas discussões uns com os outros). Como aconteceu com Kierkegaard, o ser (existência) tem precedência sobre o conhecimento (racionalidade). Essa filosofia seria desenvolvida até o zênite (ou o nadir) por Sartre, que passou grande parte da existência estudando sua existência nos cafés da Rive Gauche.

O nome *existencialismo* tem uma história curiosa. Depois de inadvertidamente inventado por Kierkegaard, foi esquecido, depois ressuscitado pelos alemães e em seguida repudiado. Tanto Husserl como Heidegger se recusavam a ser chamados de existencialistas, rejeitando o rótulo sob o pretexto de que limitava e banalizava o alcance de sua filosofia. Sartre, que não tinha escrúpulos em que sua filosofia fosse limitada ou banal, foi o primeiro a chamar-se existencialista, no começo dos anos 40. No fim da década esse nome o tornaria mundialmente famoso e era praticamente sinônimo do seu. Sartre reconheceu que Kierkegaard desempenhou um papel no desenvolvimento inicial do existencialismo, mas insistiu em que o seu existencialismo nada tinha a ver com o do dinamarquês. Isso é bastante injusto mas bem o que Kierkegaard teria desejado. A promiscuidade e o ateísmo de Sartre, que tiveram um importante papel na sua vida filosófica, não poderiam combinar com a filosofia de Kierkegaard.

CITAÇÕES-CHAVE

. . . .

A primeira coisa a entender é que você não entende. (*Diário*)

Ao nascer, fazemo-nos ao mar com ordens lacradas. (*Diário*)

Quanto mais um homem é capaz de esquecer, maior o número de transformações que sua vida pode sofrer; quanto mais é capaz de lembrar, mais divina a vida se torna. (*Diário*, 429)

Quando eu morrer, ninguém descobrirá entre os meus papéis uma observação que contenha a chave da minha vida (o que é um consolo para mim). Ninguém descobrirá palavras que expliquem tudo e que muitas vezes fazem o que o mundo consideraria uma ninharia parecer um evento de tremenda importância para mim ou algo que eu considere extremamente importante uma vez despido de seu verniz protetor. (*Diário*, 431)

O propósito da minha vida pareceria ser a expressão da verdade à medida que a descubro, mas de tal modo que fica completamente despojada de autoridade. Não tendo autoridade, sendo visto por todos como extremamente não confiável, expresso a verdade e deixo todos numa posição contraditória em que só se podem salvar tornando sua a verdade. (*Diário*, 432)

A cada passo adiante, a filosofia desprende uma pele e cada pele passa então a ser habitada por parasitas inúteis. (*Diário*)

Se Hegel tivesse completado a sua lógica e depois dissesse no prefácio que toda a coisa não passava de uma experiência do pensamento, mesmo que houvesse feito uma série de suposições injustificadas, teria sido definitivamente o maior pensador de todos os tempos. Tal como é, não passa de uma piada. (*Diário*)

Quando examinamos a questão da verdade de maneira objetiva, nosso pensamento dirige-se objetivamente para a verdade e esta é considerada como um objeto ao qual se relaciona o pensador. No entanto, nosso pensamento não se concentra na relação mas, ao contrário, em saber se é a verdade à qual o pensador se relaciona. Se o objeto ao qual se relaciona é a verdade, supõe-se que ele conhece a verdade. Quando consideramos a verdade de maneira subjetiva, nosso pensamento se concentra subjetivamente na natureza da nossa relação (isto é, não naquilo a que se relaciona). Se essa relação mesma é verdadeira, subjetivamente conhecemos a verdade, mesmo que o objeto efetivo dessa relação não seja verdadeiro. (*Pós-escrito conclusivo não científico às Migalhas filosóficas*)

A subjetividade, a interioridade, é a verdade – essa é a minha tese. (*Pós-escrito conclusivo não científico*)

A filosofia está bem certa quando afirma que a vida deve ser entendida em retrospecto. Mas nos esquecemos do outro princípio, de que deve ser vivida para adiante. Quando analisamos este último princípio, inevitavelmente chegamos à conclusão de que a vida no tempo jamais pode ser adequadamente entendida – porque nenhum momento que se vive pode adquirir a completa quietude necessária para essa orientação retrospectiva. (*Aforismas selecionados*)

O cômico é sempre a marca da maturidade. Mas é vital que alguma nova emoção esteja pronta para brotar por baixo e que a mera força da comédia não sufoque esse *pathos* crescente. Deveria, ao contrário, servir para indicar que um novo *pathos* está começando. (*Pós-escrito conclusivo não científico*)

Humanidade

Todos esses seres humanos excepcionais, tão poucos e espalhados pelos séculos com tamanha distância entre si, fizeram cada um à sua época um juízo sobre a "humanidade". Segundo um deles, o homem é um animal. Segundo outro, é um hipócrita. Para um terceiro, um mentiroso. E assim por diante.

Talvez não erre muito o alvo se disser que ele é um tagarela – e estimulado pelo dom da fala, aliás.

Com a ajuda da fala todo mundo participa do mais alto – mas participar do mais alto com a ajuda da fala e, ao fazê-lo, dizer bobagem é zombaria igual a participar de um banquete real como espectador, das galerias.

Se eu fosse pagão, diria: uma divindade irônica conferiu à humanidade o dom da fala para se divertir observando semelhante auto-ilusão.

Claro que, de um ponto de vista cristão, Deus deu

à humanidade o dom da fala por amor, assim tornando possível a todos ter uma verdadeira compreensão do mais alto – ó, com que pesar Deus deve ver o resultado! (*Diário*, 1383)

Se a ciência fosse desenvolvida no tempo de Sócrates como é hoje, os sofistas e aqueles que pretendiam ensinar filosofia teriam sido cientistas. Teriam pendurado microscópios nas portas para atrair negócios e colocado avisos anunciando: "Aprendam e vejam num poderoso microscópio como a humanidade pensa." (E ao ler esse anúncio, Sócrates teria dito: "É exatamente assim que se comportam os homens que não pensam.") (*Aforismas selecionados*)

A fé é um absurdo. Seu objeto é extremamente improvável, irracional e para além do alcance de qualquer argumento ... Suponhamos que alguém decida que quer adquirir fé. Acompanhemos essa comédia. Ele quer ter fé, mas ao mesmo tempo também quer ter a certeza de que está dando o passo certo – então empreende um exame objetivo da probabilidade de estar certo. E o que acontece? Por meio desse exame objetivo da probabilidade, o absurdo torna-se algo diferente: torna-se provável, cada vez mais provável, extremamente provável, absolutamente provável. Agora essa pessoa está pronta para

acreditar e diz a si mesma que não acredita da mesma maneira que os homens comuns, como sapateiros ou alfaiates, mas apenas depois de ter pensado toda a questão de forma adequada e compreendido sua probabilidade. Agora está pronta para acreditar. Mas vejam, nesse exato momento torna-se impossível para ela acreditar. Algo que é quase provável, possível ou extrema e absolutamente provável é algo que a pessoa pode quase conhecer, praticamente conhecer ou bem aproximadamente *conhecer* – mas é impossível *crer.* Pois o absurdo é objeto de fé e o único objeto que pode ser crível.
(*Pós-escrito conclusivo não científico*)

A raça humana deixou de temer a Deus. Depois disso, veio o castigo: passou a temer a si mesma, a ansiar pelo fantasmagórico, e agora treme diante dessa criatura de sua própria imaginação.
(*Aforismas selecionados*)

CRONOLOGIA DE DATAS SIGNIFICATIVAS DA FILOSOFIA

. . . .

séc. VI a.C.	Começo da filosofia ocidental, com Tales de Mileto.
fim do séc. VI a.C.	Morte de Pitágoras.
399 a.C.	Sócrates condenado à morte em Atenas.
c.387 a.C.	Em Atenas, Platão funda a Academia, primeira universidade.
335 a.C.	Aristóteles funda o Liceu ateniense, escola rival da Academia.
324 d.C.	Constantino muda a capital do Império Romano para Bizâncio.
400 d.C.	Sto. Agostinho escreve suas *Confissões*. A filosofia é absorvida na teologia cristã.

410 d.C.	Roma saqueada pelos visigodos, prenúncio da Idade das Trevas.
529 d.C.	Fechamento da Academia de Atenas pelo imperador Justiniano, marcando o fim do pensamento helênico.
meados do séc.XIII	Tomás de Aquino escreve seus comentários sobre Aristóteles. Era da escolástica.
1453	Queda de Bizâncio (Constantinopla), tomada pelos turcos. Fim do Império Bizantino.
1492	Colombo chega à América. Renascimento florentino, renovação do interesse pelo aprendizado do grego.
1543	Copérnico publica *Da revolução dos orbes celestes*, provando matematicamente que a Terra gira em torno do Sol.
1633	Galileu é forçado pela Igreja a renegar a teoria heliocêntrica do universo.
1641	Descartes publica as *Meditações*, início da filosofia moderna.
1677	Morte de Spinoza possibilita a publicação da *Ética*.

1687 Newton publica os *Principia*, que introduzem o conceito de gravidade.

1689 Locke publica o *Ensaio sobre o entendimento humano*. Começo do empirismo.

1710 Berkeley publica os *Princípios do conhecimento humano*, levando o empirismo a novos extremos.

1716 Morte de Leibniz.

1739-1740 Hume publica *Tratado da natureza humana*, levando o empirismo a seus limites lógicos.

1781 Kant, despertado de seu "sono dogmático" por Hume, publica a *Crítica da razão pura*. Começa o período áureo da metafísica alemã.

1807 Hegel publica *A fenomenologia do espírito*, apogeu da metafísica alemã.

1818 Schopenhauer publica *O mundo como vontade e representação*, introduzindo a filosofia hindu na metafísica alemã.

1889 Depois de declarar que "Deus está morto", Nietzsche sucumbe à loucura em Turim.

1921	Wittgenstein publica o *Tractatus logico-philosophicus*, proclamando a "solução final" para os problemas da filosofia.
década de 1920	O Círculo de Viena propõe o positivismo lógico.
1927	Heidegger publica *Ser e tempo*, que prenuncia a separação entre a filosofia analítica e continental.
1943	Sartre publica *O ser e o nada*, desenvolvendo o pensamento de Heidegger e estimulando o existencialismo.
1953	Publicação póstuma das *Investigações filosóficas* de Wittgenstein. Período áureo da análise lingüística.

CRONOLOGIA DA VIDA DE KIERKEGAARD

. . . .

1813	Nasce Søren Kierkegaard, em Copenhague.
1830	Começa a estudar teologia na Universidade de Copenhague.
1834	Morre a mãe.
1837	Conhece Regine Olsen, então com 14 anos.
1838	Morre o pai.
1840	Fica noivo de Regine.
1841	Rompe o noivado e parte para Berlim.
1842	Publica *Ou isso ou aquilo.*
1843	Publica *Temor e tremor.*

1844 Publica *O conceito de angústia.*

1846 Envolve-se em insultuosa polêmica com a revista satírica *Corsair.* 1848 Experiência religiosa muda sua natureza e atitude quanto à divulgação da palavra de Deus.

1849 Publica *Enfermidade mortal.*

1854 Decide entrar em polêmica com a Igreja.

1855 Funda a revista *O Momento*, que preenche com seus próprios artigos contra a Igreja. Em abril, vê Regine pela última vez, antes que ela se mude para as Índias Ocidentais. Em outubro, sofre um colapso na rua e é levado para o hospital. Morre em 11 de novembro.

CRONOLOGIA DA ÉPOCA DE KIERKEGAARD

. . . .

1813	Falência do Estado dinamarquês provoca *débacle* econômica generalizada. Com suas economias investidas em títulos de confiança, o pai de Kierkegaard consegue escapar à ruína.
1813	Nasce Wagner.
1815	Batalha de Waterloo. Os britânicos consolidam seu domínio sobre toda a Índia.
1821	Faraday descobre o princípio do motor elétrico.
1825	Surge a estrada de ferro: Stephenson inaugura a primeira via, entre Stockton e Darlington.
1829	Britânicos anexam todo o subcontinente australiano.

1830	A Grécia torna-se independente do Império Otomano.
1831	Hegel morre de cólera em Berlim. Darwin zarpa no *HMS Beagle* para as ilhas Galápagos.
1832	Morre Goethe, em Weimar.
1834	Estados alemães criam união alfandegária (*Zollverein*), o que contribui para o início da Revolução Industrial na Europa.
1844	Nascimento de Nietzsche.
1845	Anexação da República do Texas pelos Estados Unidos.
1848	Onda revolucionária varre a Europa. México cede aos Estados Unidos o atual sudoeste norte-americano (incluindo a Califórnia).
1850	O dedicado filósofo anti-hegeliano Schopenhauer alcança tardiamente a fama.
1853-56	Guerra da Criméia.
1856	Nasce Freud.

LEITURA SUGERIDA

. . . .

Søren Kierkegaard, *Temor e tremor*, Rio de Janeiro, Ediouro.

_____, *O conceito de ironia*, Petrópolis, Vozes.

_____, *Textos selecionados*, Rio de Janeiro, Ediouro.

Robert Bretall (org.), *A Kierkegaard Anthology*, Princeton University Press, 1973.

Patrick L. Gardiner, *Kierkegaard*, Oxford University Press, 1988.

David J. Gouwens, *Kierkegaard as Religious Thinker*, Cambridge University Press, 1996.

Bruce H. Kirmmse (org.), *Encounters with Kierkegaard*, Princeton University Press, 1996.

Roger Poole, *Kierkegaard: The Indirect Communication*, University Press of Virginia, 1993.

ÍNDICE REMISSIVO

CIENTISTAS
em 90 minutos

. . . .

por Paul Strathern

Este livro foi composto pela
TopTextos Edições Gráficas,
em Agaramond Regular,
e impresso por Cromosete
Gráfica e Editora.